무량공덕 사경 12

圓覺經
普眼 菩薩 章

# 사경은 무량공덕의 기도

무비 스님

 '원각경'의 특징을 크게 두 가지로 나눈다면 하나는 대원(大願)에 대한 설명이고, 또 하나는 구체적인 수행방법에 대한 설명입니다. 즉 '원각경'은 지고한 깨달음의 원융불이(圓融不二)한 경지인 원각을 돈교(頓敎)적 측면에서 밝히고, 그 수행과 깨달음의 길을 단계적으로 점교(漸敎)적 측면에서 가르치고 있습니다.
 보안보살은 보안보살장이라고 하는데 원각경(圓覺經)의 내용을 부처님께 여쭈어서 법을 설하시도록 권청하는 내용이며, 경전내용은 수행자가 깨달음을 원만히 갖추는 것을 뜻하는 것입니다. 수행 방법은 선나, 사마타, 삼마발제 이와 같이 세 가지 수행법을 두루 갖추므로 해서 원만한 깨달음이라 하여 원각경이라 명명하게 되었으며, 이를 일러 보안보살장이라 합니다. 그런 의미에서 '원각경'은 실제적인 수행방법을 여러 중생의 근기 즉 수준에 맞춰서 다양한 방법론을 제시하고 있기 때문에 현실적인 신행생활에도 더없이 좋은 지침서가 되고 있는 경전입니다.
 우리가 한 생을 살아가면서 이와 같은 귀중한 가르침을 만난다는 것은 이 세상에 그 무엇과도 비교할 수 없는 행복한 일입니다.

경전을 통한 수행에는 네 가지를 듭니다. 서사(書寫)·수지(受持)·독송(讀誦)·해설(解說)이 그것입니다. 서사란 사경(寫經)으로서 경전을 쓰는 일입니다. 경전을 쓰는 일은 온 몸과 마음을 다해야 하기 때문에 최상제일이며 무량공덕의 기도가 됩니다. 사람이 살아가는 일에 있어서 이보다 더 소중하고 값진 일은 없을 것입니다.

사경공덕수승행 무변승복개회향
寫經功德殊勝行 無邊勝福皆廻向
보원침익제유정 속왕무량광불찰
普願沈溺諸有情 速往無量光佛刹

경을 쓰는 이 공덕 수승하여라
가없는 그 복덕 모두 회향하여
이 세상의 모든 사람 모든 생명들
무량광불 나라에서 행복하여지이다.

불기 2545년 동안거

## 발원문

사경제자 :　　　　　　　　　　　　　　　　　　　　합장

사경시작 일시 :　　　　　　　　　　　　년　　월　　일

# 사경의식

**삼귀의례**

　거룩한 부처님께 귀의합니다.
　거룩한 가르침에 귀의합니다.
　거룩한 스님들께 귀의합니다.

**개경게**

　가장 높고 미묘하신 부처님 법
　백천만 겁 지나도록 인연 맺기 어려워라
　내가 이제 불법진리 보고 듣고 옮겨 쓰니
　부처님의 진실한 뜻 깨우치기 원합니다.

**사경발원**

　자신이 세운 원을 정성스런 마음으로 발원한다.

**입정**

　정좌해서 마음을 고요히 하여 사경할 자세를 갖춘다.

**사경시작**

**사경끝남**

**사경봉독**
　손수 쓴 경전을 소리내어 한 번 독송한다.

**사경회향문**
　경을 쓰는 이 공덕 수승하여라
　가없는 그 복덕 모두 회향하여
　이 세상의 모든 사람 모든 생명들
　무량광불 나라에서 행복하여지이다.

**불전삼배**

**사홍서원**
　중생을 다 건지오리다.
　번뇌를 다 끊으오리다.
　법문을 다 배우오리다.
　불도를 다 이루오리다.

普⟨보안⟩眼⟨보살⟩菩薩章⟨장⟩

大⟨대당⟩唐⟨계빈⟩罽賓⟨삼장⟩三藏⟨불타다라⟩佛陀多羅⟨역⟩譯

於⟨어시⟩是⟨에⟩ 普⟨보안보살⟩眼菩薩⟨이⟩ 在⟨재대중중⟩大衆中⟨하사⟩ 即⟨즉종⟩從
座⟨좌기⟩起⟨하여⟩ 頂⟨정례불족⟩禮佛足⟨하고⟩ 右⟨우요삼잡⟩遶三匝⟨하고⟩ 長⟨장궤차⟩跪叉
手⟨수하사⟩而⟨이백불언⟩白佛言⟨하사대⟩ 大⟨대비세존⟩悲世尊⟨하⟩ 願⟨원위차회⟩為此會
諸⟨제보살중⟩菩薩衆⟨과⟩ 及⟨급위말세⟩為末世 一⟨일체중생⟩切衆生⟨하사⟩演⟨연설⟩說

九

菩薩修行漸次ㅣ 云何思惟하며 云何住ㅣ
持하리잇고 衆生이 未悟어든 作何方便하여 普令開
悟하리잇고 世尊하 若彼衆生이 無正方便과
正思惟하면 聞佛如來의 說此三昧하옵고
迷悶하여 則於圓覺에 不能悟入하리니 願興慈
悲하사 爲我等輩와 及末世衆生하여 假說

方便<sub>서소</sub>作是語已<sub>하시고</sub>五體投地<sub>하사</sub>如是三
請<sub>하여</sub>終而復始<sub>하시늘</sub>
爾時<sub>에</sub>世尊<sub>이</sub>告普眼菩薩言<sub>하사대</sub>善哉善哉<sub>라</sub>善男子야汝等이乃能爲諸菩薩
及末世衆生<sub>하여</sub>問於如來修行漸次와
思惟住持<sub>와</sub>乃至假說種種方便<sub>하나니</sub>汝今

諦제청聽하라 當당위여설爲汝說호리라 時시에 普眼菩薩이 奉봉

教교환희喜와하사 及급제대중과諸大衆 默묵연이청하시더니然而聽

善선남자야男子야 彼피신학보살과新學菩薩 及급말세중생末世衆生

欲욕구여래정원각심인댄求如來淨圓覺心 應응당정념하야當正念

離리제환이니諸幻이니 先선의여래사마타행하여依如來奢摩他行 堅견지금계하여持禁

戒계하여 安안처도중하며處徒衆 宴연좌정실하여坐靜室 恒항작시념하라作是念

我今此身이 四大和合하니 所謂髮毛爪
齒와 皮肉筋骨과 髓腦垢色은 皆歸於地
하고 唾涕膿血과 津液涎沫과 痰淚精氣와
大小便利는 皆歸於水하고 煖氣는 歸火하고
動轉은 歸風하나 四大各離하면 今者妄身이 當
在何處노 卽知此身이 畢竟無體어늘 和合

爲相이 實同幻化로다 四緣이 假合하여 妄
有六根하니 六根四大가 中外合成이어늘 妄
有緣氣가 於中에 積聚하여 似有緣相하니 假
名爲心이라 善男子야 此虛妄心이 若無六
塵하면 則不能有니하리 四大分解하야 無塵可
得이라 於中緣塵이 各歸散滅하면 畢竟無

有緣心可見라이니 善男子야 彼之衆生이 幻身이 滅故로 幻心이 亦滅하며 幻心이 滅故로 幻塵이 亦滅하며 幻塵이 滅故로 幻滅이 亦滅하며 幻滅이 滅故로 非幻은 不滅이니하나 譬如磨鏡하매 垢盡明現이라하인듯 善男子야 當知身心이 皆爲幻垢구

相이 永滅하면 十方이 清淨하리라 善男子야 譬

如清淨摩尼寶珠가 映於五色하여 隨方各

現커든 諸愚癡者는 見彼摩尼에 實有五色

하나니 善男子야 圓覺淨性이 現於身心隨

類各應커든 彼愚癡者는 說淨圓覺에 實有

如是身心自相이라 亦復如是라하나니 由此로 不

能遠於幻化ᆞ일새
是故로 我說身心幻垢ᅵ나
對離幻垢ᄒᆞ면 說名菩薩이구 垢盡코 對除ᄒᆞ면
則無對垢와 及說名者ᅵ라ᄒᆞ니
善男子야 此菩薩과 及末世衆生이 證
得諸幻ᄒᆞ여 滅影像故로 爾時에 便得無方
淸淨無邊虛空이 覺所顯發이니 覺圓明

故(고)로 顯心(현심)이 淸淨(청정)하며 心淸淨故(심청정고)로 見塵(견진)이 淸淨(청정)하며 見淸淨故(견청정고)로 眼根(안근)이 淸淨(청정)하며 眼根淸(안근청)淨故(정고)로 眼識(안식)이 淸淨(청정)하며 眼識淸淨故(안식청정고)로 聞塵(문진)이 淸淨(청정)하며 聞淸淨故(문청정고)로 耳根(이근)이 淸淨(청정)하며 耳根淸淨故(이근청정고)로 耳識(이식)이 淸淨(청정)하며 耳識淸淨故(이식청정고)로 如是乃至鼻舌身意(여시내지비설신의)도 亦復(역부)淸淨(청정)하며 如是乃至鼻舌身意(여시내지비설신의)도

如是라하리 善男子야 根淸淨故로 色塵이 淸淨하며 色塵이 淸淨故로 聲塵이 淸淨하며 香味觸法도 亦復如是라하리 善男子야 六塵이 淸淨故로 地大淸淨하며 地大淸淨故로 水大淸淨하며 火大風大도 亦復如是라하리 善男子야 四大淸淨故로 十二處와 十八界와 二十五

有(유가)清淨(청정)니하리彼(피)清淨(청정)故(고)로十力(십력)과四無所(사무소)
畏(외)와四無礙智(사무애지)와佛十八不共法(불십팔불공법)과三十(삼십)
七助道品(칠조도품)이清淨(청정)하여如是乃至八萬四千(여시내지팔만사천)
陀羅尼門(다라니문)이一切清淨(일체청정)라하리善男子(선남자)야一切(일체)
實相(실상)이性清淨(성청정)故(고)로一身(일신)이清淨(청정)하며一身(일신)
이清淨(청정)故(고)로多身(다신)이清淨(청정)하며多身(다신)이清淨(청정)

故로 如是乃至十方衆生의 圓覺이 淸淨
善男子야 一世界 淸淨故로 多世界
淸淨하며 多世界 淸淨故로 如是乃至盡
於虛空하며 圓裏三世하여 一切平等하며 淸淨
不動하리라

善男子야 虛空이 如是平等不動할새 當

知覺性이 平等不動이며
知覺性이 平等不動이며
千陀羅尼門이 平等不動할새
平等不動부동하야 善男子야 覺性이 徧滿하야 清
淨不動하여 圓無際故로 當知六根이 徧滿
法界며 根이 徧滿故로 當知六塵이 徧滿

法界며

法界塵이 徧滿故로 當知四大가 徧滿

法界며 如是乃至陀羅尼門이 徧滿法界

善男子야 由彼妙覺 性徧滿故로 根

性塵性이 無壞無雜하며 根塵이 無壞故如百

如是乃至陀羅尼門이 無壞無雜하여 如百

千燈 光照一室하되 其光이 徧滿無壞

無雜인듯하니라

善男子야 覺成就故로 當知菩薩이 不與法縛하며 不求法脫하며 不厭生死하며 不愛涅槃하며 不敬持戒하며 不憎毀禁하며 不重久習하며 不輕初學이니 何以故오 一切覺故라

譬如眼光이 曉了前境하매 其光이 圓滿得

無무憎증愛애하ㄴ인ㅣ듯 何하以이故고오 光광體체無무二이하여 無무憎증愛애
故고라 善선男남子자야 此차菩보薩살과 及급末말世세衆중生생이
修수習습此차心심하야 得득成성就취者자가 於어此차에 無무修수하면
亦역無무成성就취니하리 圓원覺각이 普보照조하여 寂적滅멸이 無무二이라
於어中중에 百백千천萬만億억阿아僧승祇지 不불可가說설恒항
沙사諸제佛불世세界계도 猶유如여空공花화가 亂난起기亂난滅멸하여

不即不離하며 無縛無脫하니 始知衆生이 本來成佛이며 生死涅槃이 猶如昨夢다이로 善男子야 如昨夢故로 當知生死와 及與涅槃이 無起無滅하며 無來無去하며 其所證者가 無得無失하며 無取無捨하며 其能證者가 無作無止하며 無任無滅하며 於此證中에 無能

無所하여 畢竟無證하며 亦無證者하여 一切法
性이 平等不壞니 善男子야 彼諸菩薩이
如是修行하며 如是漸次하며 如是思惟하며 如
是住持하며 如是方便하며 如是開悟 求如
是法하면 亦不迷悶하리라 爾時世尊이 欲重宣
此義하사 而說偈言하사대

普眼아 汝當知하라 一切諸衆生이 身心이
皆如幻하니 身相은 屬四大하고 心性은 歸
六塵이니 四大體各離하면 誰爲和合者오 如
是漸修行하면 一切悉淸淨하여 不動遍法
界라 無作止任滅하며 亦無能證者하며 一切
佛世界가 猶如虛空華하며 三世悉平等하여

畢竟無來去하니 初發心菩薩과 及末世衆
生이 欲求入佛道인댄 應如是修習이라니

普眼菩薩章 終

# 華嚴經略纂偈 (화엄경약찬게)

大方廣佛華嚴經 (대방광불화엄경)
南無華藏世界海 (나무화장세계해)
現在說法盧舍那 (현재설법노사나)
過去現在未來世 (과거현재미래세)

龍樹菩薩略纂偈 (용수보살약찬게)
毘盧遮那眞法身 (비로자나진법신)
釋迦牟尼諸如來 (석가모니제여래)
十方一切諸大聖 (시방일체제대성)

根本華嚴轉法輪(근본화엄전법륜)
普賢菩薩諸大衆(보현보살제대중)
足行神衆道場神(족행신중도량신)
主山神衆主林神(주산신중주림신)
主河神衆主海神(주하신중주해신)
主風神衆主空神(주풍신중주공신)

海印三昧勢力故(해인삼매세력고)
執金剛神身衆神(집금강신신중신)
主城神衆主地神(주성신중주지신)
主藥神衆主稼神(주약신중주가신)
主水神衆主火神(주수신중주화신)
主方神衆主夜神(주방신중주야신)

主晝神衆阿修羅<sub>주 신 중 아 수 라</sub>
摩睺羅伽夜叉王<sub>마 후 라 가 야 차 왕</sub>
乾達婆王月天子<sub>건 달 바 왕 월 천 자</sub>
夜摩天王兜率天<sub>야 마 천 왕 도 솔 천</sub>
大梵天王光音天<sub>대 범 천 왕 광 음 천</sub>
大自在王不可說<sub>대 자 재 왕 불 가 설</sub>

迦樓羅王緊那羅<sub>가 루 라 왕 긴 나 라</sub>
諸大龍王鳩槃茶<sub>제 대 용 왕 구 반 다</sub>
日天子衆兜利天<sub>일 천 자 중 도 리 천</sub>
化樂天王他化天<sub>화 락 천 왕 타 화 천</sub>
遍淨天王廣果天<sub>변 정 천 왕 광 과 천</sub>
普賢文殊大菩薩<sub>보 현 문 수 대 보 살</sub>

法慧功德金剛幢
光焰幢及須彌幢
及與比丘海覺等
善財童子童男女
善財童子善知識
德雲海雲善住僧

金剛藏及金剛慧
大德聲聞舍利子
優婆塞長優婆夷
其數無量不可說
文殊舍利最第一
彌伽解脫與海幢

休舍비목구사선(休舍毘目瞿沙仙)
善見자재주동자(善見自在主童子)
法寶계장여보안(法寶髻長與普眼)
不動우바변행외(不動優婆遍行外)
婆施라선무상승(婆施羅船無上勝)
毘瑟지라거사인(毘瑟祇羅居士人)

勝熱바라자행녀(勝熱婆羅慈行女)
具足우바명지사(具足優婆明智士)
無厭足왕대광왕(無厭足王大光王)
優婆羅화장자인(優婆羅華長者人)
獅子빈신바수밀(獅子嚬伸婆須密)
觀自在존여정취(觀自在尊與正趣)

大天安住主地神
普德淨光主夜神
普救衆生妙德夜神
守護一切主夜神
大願精進力救護
摩耶夫人天主光

婆珊婆演主夜神
喜目觀察衆生神
寂靜音海主夜神
開敷樹華主夜神
妙德圓滿瞿婆女
遍友童子衆藝覺

賢勝堅固解脫長者 妙月長者無勝軍
最寂靜婆羅門者 德生童子有德女
彌勒菩薩文殊等 菩賢菩薩微塵衆
於此法會雲集來 常隨毘盧遮那佛
於蓮華藏世界海 造化莊嚴大法輪
十方虛空諸世界 亦復如是常說法

六六六四及與三
육육육사급여삼

世主妙嚴如來相 一十一亦復一
세주묘엄여래상 일십일역부일

華藏世界盧舍那 普賢三昧世界成
화장세계노사나 보현삼매세계성

光明覺品問明品 如來名號四聖諦
광명각품문명품 여래명호사성제

須彌頂上偈讚品 淨行賢首須彌頂
수미정상게찬품 정행현수수미정

發心功德明法品 菩薩十住梵行品
발심공덕명법품 보살십주범행품

佛昇夜摩天宮品
불승야마천궁품

夜摩天宮偈讚品 야마천궁게찬품
佛昇兜率天宮品 불승도솔천궁품
十回向及十地品 십회향급십지품
阿僧祇品與壽量 아승지품여수량
如來十身相海品 여래십신상해품
普賢行及如來出 보현행급여래출

十行品與無盡藏 십행품여무진장
兜率天宮偈讚品 도솔천궁게찬품
十定十通十忍品 십정십통십인품
菩薩住處佛不思 보살주처불부사
如來隨好功德品 여래수호공덕품
離世間品入法界 이세간품입법계

是爲十萬偈頌經  시위십만게송경
諷誦此經信受持  풍송차경신수지
安坐如是國土海  안좌여시국토해

三十九品圓滿敎  삼십구품원만교
初發心時便正覺  초발심시변정각
是名毘盧遮那佛  시명비로자나불

# 義湘祖師法性偈

法性圓融無二相
諸法不動本來寂
無名無相絶一切
證智所知非餘境
眞性甚深極微妙
不守自性隨緣成
一中一切多中一
一卽一切多卽一

一微塵中含十方　一切塵中亦如是
無量遠劫即一念　一念即是無量劫
九世十世互相即　仍不雜亂隔別成
初發心時便正覺　生死涅槃相共和
理事冥然無分別　十佛普賢大人境
能仁海印三昧中　繁出如意不思議

雨寶益生滿虛空 우보익생만허공
是故行者還本除 시고행자환본제
無緣善巧捉如意 무연선교착여의
以陀羅尼無盡寶 이다라니무진보
窮坐實際中道床 궁좌실제중도상

衆生隨器得利益 중생수기득이익
叵息忘想必不得 파식망상필부득
歸家隨分得資糧 귀가수분득자량
莊嚴法界實寶殿 장엄법계실보전
舊來不動名爲佛 구래부동명위불

# 보안보살장(普眼菩薩章)

무비스님 감수

보안보살이 대중 가운데 있다가 자리에서 일어나 부처님의 발 앞에 절하고, 오른쪽으로 세 번 돌고 무릎을 꿇어 합장하고 부처님께 여쭈었다.

"대비하신 세존이시여, 바라옵건대 여기 모인 여러 보살들과 말세의 모든 중생들을 위해서 보살이 수행할 차례를 말씀해 주옵소서. 어떻게 생각하고 어떻게 머무를 것이며, 중생들이 깨닫지 못하면 어떤 방편을 써야 널리 깨닫게 하오리까?

세존이시여, 만약 중생들이 바른 방편과 바른 생각이 없다면, 부처님이 말씀하신 '삼매'를 듣고도 마음이 아득하여 원각(圓覺)에 들어갈 수 없을 것이옵니다. 바라옵건대 자비를 베푸시어 저희들과 말세 중생들을 위해 간단히 방편을 말씀해 주옵소서."

이렇게 말하고는 오체(五體)를 땅에 던져 이와 같이 세 번 청하였다.
이 때 부처님은 보안 보살에게 말씀하셨다. "착하도다, 착하도다. 선남자야, 그대들이 이제 보살들과 말세의 중생들을 위하여 여래의 수행하는 절차와 생각과 머무름과 또 가지가지 방편을 묻는구나. 자세히 들어라 그대들을 위해 말해 주리라." 이 때 보안 보살이 분부를 받들고 기뻐하여 대중들과 함께 조용히 듣고 있었다.

선남자여, 새로 공부하는 보살과 말세 중생이 여래의 청정한 원각의 마음[圓覺心]을 구하려면, 바른 생각으로 모든 환(幻)을 멀리 여의어야

할 것이니라.

 먼저 여래의 ①사마타(奢摩他)의 행에 의지하여, 계율을 굳게 가지고, 대중과 함께 살고, 조용한 방에 단정히 앉아서 항상 이런 생각을 하라. 지금 나의 이 몸은 ②사대(四大)가 화합하여 된 것이다. 머리칼·터럭·손발톱·이·살갗·근육뼈·골수·때·빛깔들은 모두가 흙으로 돌아갈 것이고, 침·콧물·고름·피·진액·거품·가래·눈물·정기(精氣)·똥오줌은 모두가 물로 돌아갈 것이며, 따뜻한 기운은 불로 돌아갈 것이고, 움직이는 것은 바람으로 돌아갈 것이다.

 사대가 각각 흩어지면 이제 이 허망한 몸뚱이는 어디에 있을 것인가. 곧 알라. 이 몸은 끝내 실체가 없는 것이고 화합하여 형상이 이루어졌으나 사실은 환으로 된 것과 같다.

 네 가지 인연이 거짓으로 모여 망녕되이 ③육근(六根)이 있게 된 것이니라. 六根과 四大가 합쳐서 안팎을 이룬 뒤에는 허망하게도 인연기운이 그 안에 쌓이고 모여 인연의 모습[因緣相]이 있는 듯한 것을 거짓 이름하여 '마음'이라 하느니라.

 선남자여, 이 허망한 마음이 만약 ④육진(六塵)이 없으면 있지 못할 것이고, 四大가 흩어지면 六塵도 얻지 못할 것이니라. 그 중간에 인연[四大]과 티끌[六塵]이 제각기 흩어져 없어지면 마침내 인연의 마음도 볼 수 없으리라.

 선남자여, 중생들은 환(幻)인 몸뚱이가 멸하기 때문에 환인 마음도 멸하고, 환인 마음이 멸하므로 환인 경계[塵]도 멸하고, 환인 경계가 멸하기 때문에 환의 멸도 또한 멸하고, 환의 멸이 멸하므로 환 아닌 것은 멸하지 않나니, 비유하건대 거울에 때가 없어지면 광명이 나타나는 것 같으니라. 선남자여, 분명히 알아라. 몸과 마음이 모두가 환의 때[幻垢]이니, 때가 아주 없어지면 시방세계가 청정함을 알지니라.

선남자야, 비유하건대 깨끗한 ⑤마니구슬이 오색(五色)에 비치어서 방향마다 다른 빛깔이 나타나면 어리석은 사람들은 그 마니구슬을 보고, 실제로 오색이 있는 줄 아는 것과 같느니라. 선남자여, 원각인 청정한 성품이 몸과 마음으로 나타나 종류에 따라 제각기 응하거늘, 어리석은 사람들은 청정한 원각에 실제로 그와 같은 몸과 마음의 모양이 있다고 여기는 것도 또한 그와 같은 것이니라.

이런 까닭에 환화(幻化)를 멀리할 수 없으므로, 나는 몸과 마음을 '환의 때[垢]'라고 하노니, 환의 때를 대하여 이를 여의면 보살이라 이름할 수 있느니라. 때가 다하여 대(對)할 것도 없어지면, 대(對)도 때[垢]도 없고 대니 때니 하는 이름도 없느니라.

선남자야, 이 보살과 말세의 중생들이 모든 환(幻)을 증득하여 영상이 멸해버렸기 때문에 이 때에 문득 끝없는 청정함을 얻나니, 끝없는 허공도 원각에서 나타난 바이니라.

그 깨달음이 원만하고 밝으므로 마음의 청정함이 드러나고, 마음이 청정한 까닭에 보이는 경계[覺塵]가 청정하고, 보이는 것이 청정하므로 눈이 청정하고, 눈이 청정한 까닭에 알음알이[眼識]가 청정하고, 음알이가 청정한 까닭에 들리는 경계가 청정하고, 들리는 것이 청정한 까닭에 귀[耳根]가 청정하고 귀가 청정한 까닭에 듣는 알음알이가 청정하고, 알음알이가 청정한 까닭에 느낌의 경계[覺塵]가 청정하나니, 이리하여 코[鼻]·혀[舌]몸뚱이[身]·뜻[意]에 있어서 또한 이와 같느니라.

선남자야, 눈이 청정하므로 빛이 청정하고, 빛이 청정하므로 소리가 청정하며, 향기와 맛과 감촉과 법진(法塵)도 또한 이와 같느니라.

선남자야, 육진(六塵)이 청정하므로 지대가 청정하고, 지대가 청정하므로 수대(水大)가 청정하며, 화대(火大), 풍대(風大)도 이와 같느니라.

선남자야, 사대(四大)가 청정하므로 십이처(十二處), 십팔계(十八界), 이십오유(二十五有)가 청정하느니라. 이들이 청정하기 때문에 십력(十力), 사무소외(四無所畏), 사무애지(四無礙智), 불십팔불공법(佛十八不共法), 삼십칠조도품(三十七助道品)이 청정하며, 이와 같이 팔만사천 다라니문(陀羅尼門)도 모두 청정하느니라.

 선남자야, 모든 실상(實相)은 성품이 청정한 까닭에 한 몸[一身]이 청정하고, 한 몸이 청정하므로 여러 몸이 청정하며, 여러 몸이 청정하므로 시방(十方) 중생의 원각도 청정하느니라.

 선남자야, 한 세계가 청정하므로 여러 세계가 청정하고, 여러 세계가 청정하므로 마침내는 허공을 다하고 삼세를 두루 쌓아서 모든 것이 평등하고 청정해서 요동치 않느니라.

 선남자야, 허공이 이와 같이 평등하여 움직이지 않기 때문에 각성(覺性)이 평등하여 움직이지 않으며, 사대가 움직이지 않으므로 각성이 평등하여 움직이지 않으며, 이와 같이 팔만사천 다라니문이 평등하여 움직이지 않으므로 각설이 평등하여 움직이지 않는 줄 알지니라.

 선남자야, 각성이 두루 차고 청정하며 움직이지 않고 원만해 끝이 없으므로 육근(六根)이 법계에 가득한 것임을 알라. 육근이 두루 차므로 육진(六塵)이 법계에 두루 참을 알고, 육진이 두루 차므로 사대가 법계에 두루 차며, 이와 같이 팔만사천 다라니문(陀羅尼門)이 법계에 두루 찬 것인 줄을 알지니라.

 선남자야, 저 미묘한 각성(覺性)이 두루 찬 까닭에 근성(根性)과 진성(塵性)이 무너짐도 섞임도 없으며, 근과 진이 무너짐이 없으므로 다라니문이 무너짐도 섞임도 없는 것이니라. 마치 백천 개의 등불이 한 방에 비치면 그 빛이 두루 가득하여 무너짐도 섞임도 없는 것과 같느니라.

선남자야, 깨달음을 성취한 보살은 법에 속박되지 않으며, 법에서 벗어나기를 구하지 않으며, 나고 죽는 것을 싫어하지도 않으며, 열반을 좋아하지도 않으며, 계행 지키는 이를 공경하지도 않고, 계행 범한 이를 미워하지 않으며, 오래 수행한 이를 소중히 여기지도 않으며, 처음 배우는 이를 깔보지 않나니.

무슨 까닭인가 하면, 일체가 모두 원각이기 때문이니라. 이를테면, 안광(眼光)이 앞을 비춤에 그 빛은 원만하여 사랑도 미움도 없는 것과 같으니. 그것은 광명 자체는 둘이 아니어서 사랑과 미움이 없기 때문이니라.

선남자야, 보살과 말세의 중생이 이 마음을 닦아 성취하면 여기에는 닦을 것도 없고 성취할 것도 없으리니, 원각이 널리 비치고 적멸(寂滅)해서 둘[차별]이 없느니라.
거기에는 백천만억 아승지 말할 수 없는 항하의 모래 수 같은 모든 부처님 세계가 마치 허공 꽃[空花]이 어지러이 피었다가 사라지는 것 같아서 즉(卽)하지도 여의지도 않으며, 얽매임도 풀림도 없으리니, 중생이 본래 부처이고 생사와 열반이 지난 밤 꿈과 같은 줄을 알 것이니라.

선남자야, 지난 밤의 꿈 같으므로 생사와 열반이 일어남도 멸함도 없으며, 오는 것도 가는 것도 없느니라. 증득된 바가 얻을 것도 없고 잃을 것도 없으며, 취할 것도 없고 버릴 것도 없느니라. 또 증득하는 이가 일으킬 것[作]도 없고 멈출 것[止]도 없으며, 맡길 것[任]도 없고 멸할 것[滅]도 없느니라, 이와 같은 증(證) 가운데는 능(能)도 없고 소(所)도 없어 마침내 증(證)할 것도 없고 증할 이도 없어서, 모든 법의 성품이 평등하여 무너지지 않느니라.

선남자야, 모든 보살들이 이와 같이 수행하고, 이와 같이 점진하고 이와 같이 생각하고, 이와 같이 머무르고, 이와 같이 방편을 짓고, 이와 같이 깨달아야 되나니. 이와 같은 법을 구하면 아득하거나 답답하지 않으리라.

그 때에 세존께서 이 뜻을 거듭 펴시기 위하여 게송으로 말씀하셨다.
보안아, 그대는 마땅히 알라.
시방세계 모든 중생들
몸과 마음 모두 환(幻) 같아서,
몸뚱이는 사대로 이루어지고
마음은 육진(六塵)에 돌아감이라.
사대 뿔뿔이 흩어지고 말면
어느 것이 화합된 것이런가.

이와 같이 차례로 닦아 나가면
모든 것이 두루 청정하여서
움직이지 않고 온 법계에 두루하리라.

짓고[作] 그치고[止] 맡기고[任] 멸(滅)할 것도 없고
또한 증득할 이도 없는 것이니.
모든 부처님 세상일지라도
허공에 아물거리는 꽃과 같으리.

삼세가 모두 평등함이라.
마침내 오고 감도 없는 것.

처음으로 마음낸 보살이나
말세의 모든 중생들이
부처의 길에 들고자 하다면
이와 같이 닦고 익힐지니라.

원각경 보안보살장 종

# 회 향 문

사경제자 :                                        합장

사경시작 일시 :                    년   월   일

### ❈ 정성스럽게 쓰신 사경본 처리 방법 ❈

· 가보로 소중히 간직합니다.
· 본인이 지니고 독송용으로 사용합니다.
· 다른 분에게 선물합니다.
· 돌아가신 분을 위한 기도용 사경은 절의 소대에서 불태워 드립니다.
· 법당, 불탑, 불상 조성시에 안치합니다.

## 도서출판 窓 "무량공덕 사경" 시리즈

| | | | |
|---|---|---|---|
| 제1권 | **반야심경** 무비스님 편저 | 제1권 | **불설아미타경** 무비스님 편저 |
| 제2권 | **금강경** 무비스님 편저 | 제2권 | **원각경보안보살장** 무비스님 편저 |
| 제3권 | **관세음보살보문품** 무비스님 편저 | 제3권 | **초발심자경문**(발심수행장) 무비스님 편저 |
| 제4권 | **지장보살본원경** 무비스님 편저 | 제4권 | **초발심자경문**(자경문) 무비스님 편저(근간) |
| 제5권 | **천수경** 무비스님 편저 | 제5권 | **예불문** 무비스님 편저(근간) |
| 제6권 | **부모은중경** 무비스님 편저 | 제6권 | **백팔대참회문** 무비스님 편저(근간) |
| 제7권 | **목련경** 무비스님 편저 | 제7권 | **미륵삼부경** 무비스님 편저(근간) |
| 제8권 | **삼천배 삼천불** 무비스님 편저 | 제8권 | **화엄경약찬게** 무비스님 편저(근간) |
| 제9권 | **보현행원품** 무비스님 감수 | 제9권 | **법성게** 무비스님 편저(근간) |
| 제10권 | **신심명** 무비스님 편저 | 제20권 | **묘법연화경**(전7권) 무비스님 편저(근간) |

## 도서출판 窓 "무량공덕 우리말 사경" 시리즈(근간)

| | | | |
|---|---|---|---|
| 제1권 | **우리말 반야심경** 무비스님 편저 | 제6권 | **우리말 부모은중경** 무비스님 편저 |
| 제2권 | **우리말 금강경** 무비스님 편저 | 제7권 | **우리말 예불문** 무비스님 편저 |
| 제3권 | **우리말 관세음보살보문품** 무비스님 편저 | 제8권 | **우리말 백팔대참회문** 무비스님 편저 |
| 제4권 | **우리말 지장보살본원경** 무비스님 편저 | 제9권 | **우리말 묘법연화경**(전7권) 무비스님 편저 |
| 제5권 | **우리말 천수경** 무비스님 편저 | 제10권 | **우리말 삼천배 삼천불** 무비스님 감수 |

## 도서출판 窓 "묘법연화경 한지 사경" 시리즈 무비스님 감수

| | |
|---|---|
| 제1권 | **묘법연화경**(제1품, 제2품) |
| 제2권 | **묘법연화경**(제3품, 제4품) |
| 제3권 | **묘법연화경**(제5품, 제6품, 제7품) |
| 제4권 | **묘법연화경**(제8품, 제8품, 제9품, 제10품, 제11품, 제12품, 제13품) |
| 제5권 | **법연화경**(제14품, 제15품, 제16품, 제17품) |
| 제6권 | **묘법연화경**(제18품, 제19품, 제20품, 제21품, 제22품, 제23품) |
| 제7권 | **묘법연화경**(제24품, 제25, 제26품, 제27품, 제28품) |

※표지: 비단표지, 본문: 고급국산한지

¤ "무량공덕 사경" 시리즈는 계속 간행됩니다.

☆ 법보시용으로 다량주문시 특별 할인해 드립니다.
☆ 원하시는 불경의 독송본이나 사경본을 주문하시면 정성껏 편집·제작하여 드립니다.

◆ 무비(如天 無比) 스님
· 전 조계종 교육원장.
· 범어사에서 여환스님을 은사로 출가.
· 해인사 강원 졸업.
· 해인사, 통도사 등 여러 선원에서 10여년 동안 안거.
· 통도사, 범어사 강주 역임.
· 조계종 종립 은해사 승가대학원장 역임.
· 탄허스님의 법맥을 이은 강백.
· 화엄경 완역 등 많은 집필과 법회 활동.

▶ 저서와 역서
· 『금강경 강의』, 『보현행원품 강의』, 『화엄경』, 『예불문과 반야심경』,
  『반야심경 사경』 외 다수.


圓覺經 普眼菩薩章

**초판 발행일** · 2008년 2월 10일
**초판 펴낸날** · 2008년 2월 15일
**편저** · 무비스님
**펴낸이** · 이규인
**펴낸곳** · 도서출판 窓
**등록번호** · 제15-454호
**등록일자** · 2004년 3월 25일

**주소** · (121-885) 서울특별시 마포구 합정동 388-28번지 합정빌딩 3층
**전화** · 322-2686, 2687/**팩시밀리** · 326-3218
**e-mail** · changbook1@yahoo.co.kr
**홈페이지** · www.changbook.co.kr


ISBN 978-89-7453-148-5   04220
정가  6,000원

* 파손된 책은 구입하신 서점이나 《도서출판 窓》에서 바꾸어 드립니다.
☞ **염화실**(http://cafe.daum.net/yumhwasil)에서 무비스님의 강의를 들을 수 있습니다.